LE BOUDDHISME
DU TIBET

Parus ou à paraître dans la même collection :

Un clair rayon de lumière sur

- le karma
- la précieuse existence humaine
- les tulkous
- les Karmapas
- les stoupas
- la vie du Bouddha

Voir notre site : www.clairelumiere.com

un clair rayon de lumière sur

Le bouddhisme du Tibet

au cœur du sujet

Lama Cheuky Sèngué

éditions Claire Lumière

Les éditions Claire Lumière
publient de nombreux ouvrages
consacrés au bouddhisme.

Catalogue gratuit sur demande à :

éditions Claire Lumière
5 av. Camille Pelletan
13760 Saint-Cannat - France

www.clairelumiere.com

ISBN : 978-2-35454--023-4

Table des matières

Introduction

Celui qui voyage au Tibet, au Népal, au Bhoutan ou dans l'Himalaya indien ne peut que croiser le bouddhisme dit tibétain, appellation devenue usuelle, même si *bouddhisme himalayen* serait plus exact.

Il sera certainement frappé par le nombre et la taille des monastères, par les stoupas qui pointent leur clocher vers le ciel, par les couleurs omniprésentes, par la gentillesse des nombreux moines et la joie des moinillons. Peut-être assistera-t-il à des rituels où s'entremêlent les battements des tambours, l'appel puissant des trompes et les mélodies stridentes des hautbois, ou encore à des danses sacrées où masques et robes de brocart tournent sans lassitude pendant des heures.

Peut-être en restera-t-il là, touriste heureux de cette rencontre avec un autre monde, ayant gravé dans sa mémoire et sur la carte de son appareil photo une multitude de souvenirs polychromes.

Ce petit livre, pour sa part, veut aller plus loin. Il ne porte pas sur la coque, aussi attrayante soit-elle, mais s'efforce de pénétrer à l'intérieur, ne s'arrête pas au vêtement mais veut découvrir l'âme qui l'habite.

Pour ce faire, un peu d'histoire est bien sûr indispensable. Nous rappellerons donc qui est le Bouddha et comment son enseignement s'est introduit et structuré au Tibet. Cependant, nous nous pencherons davantage sur les valeurs universelles du bouddhisme tibétain, sur ce qu'il peut apporter à chacun en dehors de tout cadre géographique. Depuis la prise de refuge jusqu'aux étranges divinités, en passant par le détachement, l'amour, la connaissance, la méditation et la dévotion, nous explorerons ce qui motive et anime l'esprit d'un disciple engagé sur la voie. Au-delà du chatoiement de la façade, nous chercherons à ouvrir, ou à entrouvrir, les portes du trésor intérieur.

Chapitre 1

Inde et Tibet

Le Bouddha Shakyamouni

L'histoire du bouddhisme commence dans un petit royaume du nord de l'Inde sur lequel régnait le clan des Shakyas. En 563 avant notre ère, y naît un prince que son père nomme Siddhartha, *Souhaits Exaucés*. Il reçoit une éducation digne de son rang et devient expert dans les sciences, les arts et le métier des armes. Il épouse Yashodhara, qui lui donne un fils, Rahoula et, avec eux, goûte les plaisirs de la vie de famille et le luxe du palais.

C'est à vingt-neuf ans que sa vie change du tout au tout. Siddhartha prend conscience de la souffrance, qu'il rencontre dans les rues sous la forme d'un malade, d'un vieillard et d'un cadavre. Il aperçoit aussi un sage, dont la vision le trouble. Ces quatre rencontres sont pour lui déterminantes. Il comprend que les joies et les plaisirs qu'il a connus jusqu'alors ne sont que passagers et qu'il lui faut trouver une paix qui ne dépend pas des circonstances. Il quitte en cachette le palais, se coupe les cheveux en se servant de son épée, se dépouille de ses habits princiers et se vêt de guenilles. Le voilà désormais moine errant en quête de l'éveil.

À la suite de plusieurs années d'ascèse rigoureuse, il obtient enfin l'éveil complet et définitif. Après avoir écarté la tentation de ne pas révéler le dharma en raison de sa trop grande subtilité, il se rend au Parc des Gazelles, près de Bénarès, où, pour la première fois, il enseigne pour cinq ascètes, anciens compagnons d'austérité, leur exposant les Quatre Nobles Vérités. Parcourant à pied les routes de l'Inde du Nord, celui qu'on appelle désormais le Bouddha Shakyamouni rassemblera autour de lui une importante communauté monastique et continuera d'enseigner jusqu'à la fin de son séjour sur la Terre, à l'âge de quatre-vingts ans.

Liens légendaires

Après avoir connu un vaste développement en Inde, il fallut attendre pas moins de quinze siècles pour que le bouddhisme pénètre enfin au Tibet qui allait devenir un de ses plus beaux fleurons.

Dans leur histoire légendaire, les Tibétains établissent cependant des liens ténus avec le bouddhisme, bien antérieurs à son introduction.

En tout premier, ils attribuent l'origine de leur peuple à l'union d'un singe et d'une ogresse, alors seuls habitants des hauts plateaux. La seconde était d'un caractère agressif et difficile, tandis que le premier était paisible et compatissant. Or ce singe, selon la légende, n'était autre qu'une émanation d'Avalokita (Chènrézi en tibétain), qui deviendra la divinité la plus populaire du Tibet, le saint patron du pays si l'on peut dire. Ils eurent six enfants, dépourvus de queue et se tenant droit pour marcher : le peuple tibétain était né.

Bien plus tard, allait intervenir un autre événement qui, cette fois-ci, relierait le Tibet non pas au bouddhisme mais à l'Inde, qui restera toujours la *terre sainte*, étant le pays où naquit et vécut le Bouddha. Arriva un jour au Tibet un étranger qui venait du sud, peut-être un réfugié échappant à la guerre entre les Kourous et les Pandavas narrée par le Mahabharata, une des grandes épopées de l'Inde ancienne. Lorsque les Tibétains lui demandèrent d'où il venait, ne comprenant pas leur question, il pointa le doigt vers le ciel en signe d'interrogation. Les Tibétains, se méprenant sur le sens de ce signe, comprirent qu'il descendait du ciel.

Il ne fallut pas plus que ce malentendu pour qu'ils décident d'en faire leur roi et, le portant sur leurs épaules, ils le menèrent jusqu'à leur campement. Ainsi Nyatri Tsènpo, dont le nom signifie *Porté sur les épaules*, devint-il le premier souverain du Tibet.

Signes avant-coureurs

Quittons maintenant la légende, mais pas entièrement, pour entrer dans l'Histoire. Avançons jusqu'au IVᵉ ou Vᵉ siècle de notre ère (les dates sont incertaines), sous le règne du vingt-huitième roi du Tibet, Lha Totori Nyèntsèn.

Selon la légende, un texte en sanscrit et des objets sacrés en rapport avec Avalokita seraient un jour tombés du ciel sur la terrasse de son palais. Plus prosaïquement, d'autres versions avancent que les objets furent en fait apportés de l'Inde, mais que Lha Totori Nyèntsèn voulut en cacher l'origine. Quoi qu'il en soit, personne ne sut lire le texte, mais un rêve lui annonça que cinq générations plus tard un roi serait capable de l'interpréter.

Le roi Songtsèn Gampo et ses deux épouses

Ce roi annoncé en rêve fut Songtsèn Gampo (618-650) qui donna un premier élan au bouddhisme dans son pays, notamment sous l'influence de deux de ses épouses: la princesse népalaise Brikouti et la princesse chinoise Wencheng. Toutes deux suivaient l'enseignement du Bouddha et convainquirent leur mari de l'adopter à son tour. Songtsèn Gampo fit donc construire à Lhassa plusieurs sanctuaires et des stoupas dans tout le pays. Plus encore, il manda son ministre Thon-mi Sambhota au Cachemire pour qu'il crée un alphabet tibétain, jusque-là inexistant et condition indispensable pour traduire les textes venus de l'Inde.

Trisong Détsèn et la religion nationale

C'est cependant son cinquième successeur, Trisong Détsèn (740-798), qui implanta définitivement le bouddhisme dans son royaume. Monté sur le trône à l'âge de treize ans, Trisong Détsèn fut rapidement confronté à des querelles de palais, certains de ses ministres soutenant l'ancienne religion Bœun, tandis que d'autres souhaitaient l'expansion du bouddhisme. Le principal protagoniste bœunpo fut finalement éliminé, laissant la place libre aux partisans de la nouvelle religion.

Afin de puiser aux sources vives de l'enseignement, Trisong Détsèn décida, approuvant la suggestion d'un de ses ministres qui avait effectué un voyage en Inde, d'inviter l'abbé de l'université bouddhiste de Nalanda, le grand érudit Shantarakshita. Par la suite, celui-ci, en raison de certaines difficultés rencontrées dans sa tâche (les démons détruisaient la nuit le monastère que les hommes s'efforçaient de construire le jour), demanda de faire venir pour l'aider le maître tantrique Padmasambhava (que les Tibétains appellent affectueusement Gourou Rimpoché, le *Précieux Gourou*) qui allait devenir l'une des principales figures du bouddhisme himalayen.

On doit à Trisong Détsèn d'avoir fait du bouddhisme la religion nationale du Tibet, d'avoir entrepris la construction, entre autres, du grand monastère de Samyé, d'avoir patronné l'ordination des premiers moines du Pays des Neiges et d'avoir lancé un vaste programme de traduction des textes bouddhistes du sanscrit en tibétain. Grâce à son œuvre, l'enseignement du Bouddha avait trouvé au Tibet un royaume qui devenait le sien.

Chapitre 2

Lignées et transmission

Un trait caractéristique du bouddhisme tibétain est son organisation en lignées, qui constituent comme des familles regroupant chacune ses maîtres, ses monastères, ses laïcs affiliés, ses rituels, ses ouvrages majeurs et son style de présentation philosophique. Chaque lignée a pour fonction de transmettre son héritage et la bénédiction qu'il véhicule, de l'enrichir et de le maintenir vivant par la réalisation de ses maîtres et le savoir de ses érudits. Toutes se respectent, même si leur implication dans la vie politique les a parfois mises en situation de rivalité ou de conflit. L'exil forcé en Inde à la suite de l'invasion chinoise les a d'ailleurs forcées à se rapprocher considérablement.

Les lignées sont des institutions indépendantes les unes des autres et, même si le Dalaï-Lama est reconnu comme la référence temporelle et spirituelle suprême, il n'exerce pas d'autorité directe sur les lignées autres que la sienne.

La lignée Nyingma

La lignée Nyingma ou *lignée des Anciens* correspond à la première vague d'introduction du bouddhisme au Tibet, celle dont nous venons de parler avec les rois Songtsèn Gampo et Trisong Détsèn.

Padmasambhava, invité par ce dernier, demeura trente-cinq ans au Tibet, s'y consacrant à la diffusion du bouddhisme tantrique et à la formation de très nombreux disciples, dont vingt-cinq regardés comme prééminents. Il organisa aussi la traduction d'un vaste ensemble de textes sanscrits, réunissant des érudits indiens et une élite de cent huit traducteurs tibétains.

Un trait particulier de l'enseignement de Padmasambhava et de ses très proches disciples (en particulier sa compagne Yéshé Tsogyal) est qu'il en ait laissé une partie sous forme de textes cachés, les *trésors* ou *termas*, destinés à être découverts lorsque le moment serait venu par des êtres prédestinés, les *découvreurs de trésors* ou *terteuns*, regardés comme des émanations des vingt-cinq principaux disciples.

Les termas, dissimulés dans des grottes, des rochers, des lacs, des piliers de temples, voire dans le ciel, peuvent se présenter sous forme de textes ou d'objets rituels. Ils peuvent aussi se révéler directement à l'esprit d'un terteun. Certains sont écrits en langage ordinaire, d'autres dans une langue symbolique qu'il faut déchiffrer.

Les termas – essentiellement des traités de pratique et d'instructions – sont extrêmement nombreux et, de nos jours, des terteuns continuent d'en découvrir.

Un autre trait caractéristique de la lignée Nyingma est une insistance moindre que les autres traditions sur le célibat monastique. Nombre de ses adeptes sont des *ngakpas* combinant vie de famille et pratique yogique. Ils forment la *sangha blanche* (couleur de leur habit) alors que les moines, drapés dans leur vêtement bordeaux, forment la *sangha rouge*.

Le *Dzogchèn* ou *Grande Perfection* constitue chez les Nyingmapas le sommet à la fois de la philosophie et de la réalisation. Il enseigne que tous les phénomènes, extérieurs et mentaux, sont fondamentalement dénués de dualité. Celui qui le reconnaît par une expérience directe et immédiate est donc automatiquement libre de l'illusion et n'entre pas dans le système de la production karmique, moteur du samsara.

Au Tibet, la lignée Nyingma, qui ne détint jamais de pouvoir politique, ne possédait pas d'autorité centrale ni de véritable hiérarque, chacun des grands monastères gardant son indépendance institutionnelle.

La lignée Nyingma ne fut pas supprimée mais considérablement amoindrie par l'arrivée au pouvoir, en 838, du roi Langdarma. Celui-ci lança en effet une violente persécution antibouddhiste, fermant les monastères, ordonnant que les moines quittent leurs habits et faisant brûler les textes. Son règne ne dura que quatre ans, mais les dégâts qu'il causa, sans faire disparaître complètement le bouddhisme, le laissèrent exsangue.

Il fallut attendre un siècle et demi pour qu'il se revivifie. De nombreux adeptes tibétains, désireux de se relier aux sources, décidèrent alors d'entreprendre des voyages en Inde pour y rencontrer de grands maîtres. De retour au Tibet, ils regroupèrent des disciples autour d'eux, ce qui donna lieu à un ensemble de traditions appelées *nouvelles*, dont les trois principales sont les lignées Kagyu, Sakya et Guélouk.

La Lignée Kagyu

La lignée Kagyu plonge ses racines dans l'enseignement de grands maîtres du bouddhisme tantrique indien, notamment Tilopa et son disciple Naropa. Bien que grand érudit et abbé d'un immense monastère, Naropa comprit qu'il lui manquait l'expérience directe de la réalité profonde. Ayant reconnu en Tilopa, yogi sans notoriété vivant en bordure d'un marécage, son maître prédestiné, il le servit humblement pendant de nombreuses années et accepta toutes les épreuves qu'il lui fit subir. On dit qu'un coup de sandale que son maître lui asséna sur la tête l'ouvrit finalement à la réalité ultime.

Son disciple tibétain Marpa (1012-1097) fut l'initiateur de la lignée Kagyu au Pays des Neiges. Marpa était un cultivateur, chef de famille au caractère bien trempé, que sa soif du dharma conduisit à apprendre le sanscrit et d'autres langues de l'Inde. Il effectua trois longs séjours dans le berceau du bouddhisme, affrontant des circonstances souvent très difficiles. Il y resta au total vingt et un ans, étudiant et recevant des transmissions de plusieurs maîtres, principalement Naropa et Maitripa.

Au Tibet, il effectua un important travail de traduction et regroupa autour de lui un cercle de disciples dont le plus célèbre fut Milarépa (1040-1123). Yogi et poète, Milarépa, réduit à l'état de serviteur par son oncle après le décès de son père, connut une enfance difficile. Pour satisfaire les désirs de vengeance de sa mère, il apprit la magie noire, par laquelle il tua de nombreuses personnes et détruisit les récoltes du village. Poussé par le regret, il décida ensuite de pratiquer le dharma et rencontra Marpa, qui lui imposa de nombreuses épreuves purificatrices avant de lui transmettre des enseignements. Milarépa passa le reste de sa vie dans des ermitages de montagne, méditant et enseignant à ses disciples.

Parmi eux, le principal, comparé à un soleil, fut Gampopa (1079-1153). Médecin à qui une épidémie avait cruellement ravi sa femme et ses enfants, il embrassa d'abord la vie monastique traditionnelle avant d'être introduit aux pratiques yogiques par Milarépa.

Alors que Marpa était un chef de famille et Milarépa un yogi errant n'ayant pris que des vœux de fidèle laïque, Gampopa, s'appuyant sur sa formation monastique, commença à institutionnaliser la lignée en fondant le monastère de Daglha Gampo. Il rédigea un texte présentant la voie de manière systématique, *le Précieux Ornement de la libération*, dont l'étude est restée très prisée jusqu'à nos jours chez les Kagyupas.

À partir de ses disciples de première et de deuxième génération, se ramifièrent plusieurs branches, en particulier la lignée de Tusoum Khyènpa, le Ier Karmapa (1110-1193), appelée techniquement Karma Kagyu, et la lignée Droukpa, avec à sa tête Gyalwang Drukpa.

La lignée Kagyu, tout en comptant parmi ses membres de très éminents érudits, fait davantage porter l'accent sur la pratique méditative. La quintessence de ses enseignements est le Mahamoudra ou Grande Union, à savoir l'union des apparences et de la vacuité, de l'existence et de la non-existence.

La lignée Sakya

La lignée Sakya est d'ordre spirituel mais aussi familial. Il est dit en effet que dix générations avant l'arrivée de Padmasambhava au Tibet (au VIIIe siècle), des êtres divins descendirent d'un monde céleste et vinrent s'y incarner pour le bien de ses habitants. Ils formèrent le clan ou famille Lha Rig (Clan Divin) qui prit plus tard le nom de Khœun (ou Khön), lequel restera attaché à la lignée Sakya.

À l'époque de Padmasambhava, la famille Khœun s'inscrivit parmi ses proches disciples, l'un de ses membres, Khœun Lou-i Wangpo, étant un des sept premiers moines ordonnés au Tibet. Jusqu'au milieu du XIe siècle, les Khœun restèrent un des piliers de la lignée Nyingma au Tibet central.

En raison des grandes difficultés faisant suite aux persécutions du roi Langdarma auxquelles le bouddhisme était alors confronté, la famille Khœun décida ensuite de se relier aux racines indiennes. L'un de ses membres, Konchok Gyalpo décida donc d'étudier auprès du traducteur tibétain Drokmi Lotsawa, lui-même détenteur de la tradition du mahasiddha indien Virupa.

Konchok Gyalpo (1033-1102) fonda un monastère au Tibet central, à un endroit où la terre (*sa*) présente une couleur grise ou blanchâtre (*kya*), ce qui donna le nom au lieu, Sakya, et à la lignée qui allait s'y développer. L'épanouissement de la lignée reposa sur cinq descendants directs de Konchok Gyalpo, appelés les Cinq Patriarches de la tradition Sakya.

Sakya Pandita, quatrième patriarche et sans doute le plus célèbre des cinq, regardé comme une émanation de la divinité Manjushri, fut renommé pour son immense érudition, maîtrisant la logique et la philosophie, mais aussi la langue sanscrite, la poésie, l'astrologie et les arts. Il étudia non seulement avec des maîtres tibétains mais aussi avec des maîtres de l'Inde, du Népal et du Cachemire. Il fut aussi amené à protéger son pays. Se rendant en Mongolie pour répondre à une invitation de Godan Khan, petit-fils de Gengis Khan, il sut en effet le convaincre de ne pas laisser ses armées envahir le Tibet.

Le cinquième patriarche, Cheugyal Pakpa, joua un rôle politique, plus important encore. En effet, en 1253, il fut convié par l'empereur mongol Koubilaï Khan, fondateur de la dynastie des Yuan en Chine. Koubilaï Khan devint un disciple si fervent qu'il décréta le bouddhisme religion d'état en Mongolie et confia à Cheugyal Pakpa le gouvernement du Tibet, fonction que la lignée Sakya conserva pendant une centaine d'années.

Le *Lamdré* (Chemin et Résultat), fondement de la tradition Sakya, souligne l'indifférenciation du samsara et du nirvana, l'inséparabilité de la clarté et de la vacuité, l'esprit étant la racine des deux : plongé dans l'illusion, il revêt la forme du samsara ; libéré de l'illusion, il se révèle être nirvana.

La lignée est dirigée de manière héréditaire par les Sakya Trizin (Détenteur du Trône Sakya), Konchok Gyalpo étant compté comme le premier. L'actuel est le quarante et unième détenteur du titre.

La lignée Guélouk

La lignée Guélouk (dont le nom signifie lignée des Vertueux) apparaît au XIVe siècle, soit trois siècles après les premières lignées *nouvelles*. On doit sa création au grand réformateur Tsongkhapa (1357-1419), qui voulut que ses disciples observent strictement la discipline monastique et qu'ils fondent leur pratique sur une très solide base d'étude de la philosophie et de la logique.

Tsongkhapa naquit dans la province de l'Amdo. Il est dit que, du sang de l'accouchement, poussa sur son lieu de naissance un santal blanc dont les feuilles étaient marquées de syllabes sacrées. C'est là qu'on construisit plus tard le monastère de Koumboum et le père lazariste Évariste Huc put encore y voir l'arbre en 1845.

Tsongkhapa entra très tôt dans la vie religieuse. Dès l'âge de trois ans, il prit les vœux de fidèle laïc auprès du IVe Karmapa, Reulpai Dorjé. À sept ans, il reçut l'ordination monastique mineure et à vingt-quatre l'ordination majeure. Il étudia auprès d'une centaine de maîtres représentant les différentes traditions de son temps : Kagyu, Sakya et Nyingma. Sa soif de connaissances n'entrava cependant pas sa pratique et il est réputé pour avoir accompli des millions de prosternations et de récitations de mantras.

En 1409, il fonda non loin de Lhassa le monastère de Gandèn où il appliqua ses idées sur la pureté de la vie monastique et la nécessité d'études approfondies, reprenant le courant du maître indien Atisha qui vécut de nombreuses années au Tibet au XIe siècle. La fondation de Gandèn peut être regardée comme le début de la lignée Guélouk, même si Tsongkhapa n'avait pas alors le sentiment de créer une tradition nouvelle.

Tsongkhapa laissa une très abondante œuvre écrite, notamment *le Grand Livre de la progression vers l'éveil* et *le Grand Exposé des tantras*.

Le fondateur de Gandèn obtint de son vivant une vaste renommée et attira de nombreux disciples. Deux d'entre eux fondèrent les deux autres grands monastères guéloukpas de la couronne de Lhassa : Drépoung en 1416 et Séra en 1419.

Parmi ses disciples, l'un d'eux, Guèndun Droup, connut un destin particulier. En effet, il revient à sa troisième incarnation, Seunam Gyatso (1543-1588), de s'être rendu en Mongolie où il convertit l'empereur Altan Khan au bouddhisme tibétain. Celui-ci, pour lui témoigner sa considération, lui donna un titre nouveau : Dalaï-Lama, *Lama Océan* ou encore *Océan de Sagesse*. Rétrospectivement, le titre fut attribué aux deux incarnations précédentes de Seunam Gyatso, Guèndun Droup devenant ainsi le Ier Dalaï-Lama.

Même si le Dalaï-Lama exerce de fait une autorité supérieure sur la lignée Guélouk, il n'en est pas officiellement le chef. Ce rôle est dévolu à l'abbé de Gandèn, le Gandèn Tripa, nommé pour sept ans par le Dalaï-Lama.

Les trois grands monastères guéloukpas situés dans les environs de Lhassa – Gandèn, Drépoung et Séra – ont été détruits pendant la Révolution Culturelle. Plus que des monastères, c'étaient de véritables villes monastiques, regroupant chacune plusieurs milliers de moines. Après l'exil, ils se sont reformés en Inde, Gandèn et Drépoung dans le Karnataka, Séra dans l'état de Mysore. Quant au Dalaï-Lama, il a établi son siège à Dharamsala, sur les contreforts himalayens.

Padmasambhava - Gourou Rimpoché

Chapitre 3
Refuge et protection

Maintenant que nous avons vu le cadre historique du bouddhisme tibétain, examinons ce qui en fait la vie, à commencer par la notion de refuge, fondement de toute la pratique.

Nous avons tous continuellement besoin de protection : celle de nos parents, du corps médical, des pompiers, de la police, des services sociaux et de tout le tissu social qui nous permet de vivre dans le cadre de cette brève existence. De même, dans le domaine spirituel, nous avons besoin d'une protection plus haute, celle qui nous relie à la réalité éveillée. Se placer sous cette protection, c'est ce que le bouddhisme appelle *prendre refuge*.

Prendre refuge est avant tout un acte de confiance intérieure. Cette confiance est toutefois officialisée au cours d'une cérémonie très simple : la prise de refuge. On y déclare se placer sous la protection des Trois Joyaux (le Bouddha, le dharma et la sangha), vouloir s'exercer à suivre le chemin et l'on reçoit un nom de refuge. Le rituel scelle un pacte entre nous d'une part, l'éveil et ses représentants d'autre part.

Les Trois Joyaux

Les Trois Joyaux – Bouddha, dharma et sangha –, sous la protection desquels on se place, sont souvent présentés sous la forme d'une métaphore médicale :

• Le Bouddha, est comparé à un médecin. Par son omniscience, il sait parfaitement quels remèdes conviennent pour guérir de l'ignorance et des perturbations internes. Par son amour infini, il est prêt à secourir tous les êtres. Il possède à la fois la compétence parfaite et la volonté sans faille pour porter secours.

• Le dharma (son enseignement) est comparé à un remède. Il est sans défauts car fruit de l'omniscience et de l'amour. Comme tous les remèdes, il n'agit que si nous le prenons. Une simple connaissance théorique est insuffisante.

• La sangha (la communauté) est comparée aux infirmières qui nous aident à suivre le traitement.

Examinons plus en détail chacun de ces Joyaux.

Le Bouddha

Dans les enseignements bouddhistes, notamment ceux de l'école du grand véhicule, le terme bouddha ne se réfère pas seulement à une figure historique, fût-elle assez noble et assez rayonnante pour que son enseignement continue vingt-six siècles plus tard d'être florissant. On y parle en effet volontiers *des* bouddhas et plus encore de *l'état* de bouddha, et l'on se sent vite transporté au-delà des frontières de l'Histoire.

Il faut se souvenir que *bouddha*, avant d'être le nom d'une personne, est un qualificatif signifiant en sanscrit *éveillé*, ce qui implique que tout être ayant atteint cet état d'éveil est, par définition, un bouddha. Le tibétain se veut encore plus évocateur en la matière, puisque les traducteurs ont choisi de rendre bouddha par *sang-gyé*, ce qui signifie *purifié-épanoui*, se référant ainsi à un être totalement purifié de l'ignorance et des voiles obscurcissant l'esprit, et en qui se sont épanouies les infinies qualités qu'il ne possédait jusque-là que virtuellement (omniscience, amour infini, pouvoir d'aider les êtres, etc.).

Cet éveil est loin de se limiter à une compréhension intellectuelle ou à une vision philosophique, quelle qu'en soit leur portée ; il ne peut davantage se réduire à une transformation d'ordre psychique. Transcendant l'intellect autant que le mental, tout en englobant la perfection de l'intelligence, il dépasse les notions de temps et d'espace et défie, de ce fait, toutes les catégories qui sont les nôtres. Même si l'on utilise ces dernières pour tenter de définir ce qu'est l'éveil, ce n'est toujours qu'à titre d'approximation. Ainsi peut-on, comme nous venons de le faire, parler du Bouddha et des bouddhas, mais ce n'est encore que par commodité, puisqu'il est dit que la réalité de bouddha est au-delà des notions d'un et de multiple.

Un bouddha possède d'infinies qualités, qui nous paraissent parfois mythiques lorsque nous les comparons aux capacités minuscules qui sont les nôtres. On en détache trois particulièrement : l'omniscience (non seulement la vision directe de la véritable nature des choses, mais aussi la perception précise de tous les phénomènes et de leur enchaînement), un amour infini pour chaque être de l'univers et le pouvoir d'aider les êtres, à la fois sur le plan temporel et spirituel, notamment par son enseignement.

Lorsqu'on prend refuge dans le Bouddha, on se réfère bien sûr à la figure historique du Bouddha Shakyamouni, mais aussi, à travers lui, à tous les êtres éveillés ainsi qu'à notre propre potentiel de l'éveil. Lorsque celui-ci sera actualisé nous serons alors nous-mêmes notre propre refuge ainsi qu'un refuge pour les autres.

Le dharma

Le dharma – parfois précisé par *saint* dharma – désigne la voie spirituelle en général et plus particulièrement le bouddhisme, dont il est le deuxième Joyau. Il se réfère à la fois à l'enseignement et à la pratique de cet enseignement. Sa fonction est de nous libérer de la souffrance. Il agit sur trois plans :

- Dans le cadre de cette vie, il nous apporte une aide face aux nombreuses difficultés que nous rencontrons, cette aide prenant la forme de conseils, d'un mode de vie, d'un regard posé sur l'existence, mais aussi de rituels et de bénédictions.

- Dans l'attente des vies à venir, il nous propose des règles de conduite qui, en raison de la loi du karma, nous protégeront des renaissances douloureuses et nous fourniront des conditions heureuses. Étant donné que les souffrances futures risquent d'être beaucoup plus dures que celles que nous rencontrons maintenant, cet aspect est regardé comme plus important que le précédent.

- Dans la perspective de ce qui dépasse cette vie et les vies à venir, le dharma nous conduit, grâce au développement de la connaissance de la véritable nature des choses, vers la libération et l'éveil complet, au-delà de toute souffrance, de manière définitive et totale. Du fait que les deux premiers objectifs ne nous sortent pas de la ronde des existences, qu'ils concernent des états soumis à l'impermanence et ne permettant pas la plénitude, le dharma accorde au troisième objectif une valeur beaucoup plus grande.

Prendre refuge dans le dharma veut principalement dire le mettre en pratique de sorte qu'il exerce un impact sur notre vie. Le dharma ressemble à un excellent médicament. Si nous le conservons précieusement dans le tiroir de la table de nuit sans jamais y toucher, il ne nous guérira pas. De même, si nous nous contentons de respecter profondément l'enseignement du Bouddha sans chercher à l'appliquer, il ne nous transformera pas. Dans les deux cas, il faut prendre le remède.

La sangha

Sangha signifie *communauté* et constitue le troisième Joyau du bouddhisme. Le plus souvent, le terme s'applique à la communauté des moines, mais il peut aussi désigner la communauté de tous les pratiquants bouddhistes. On parle aussi parfois de la sangha de tel ou tel maître en référence au groupe de ses disciples.

On distingue encore entre sangha ordinaire et sangha supérieure (ou noble sangha), cette dernière regroupant ceux qui, libérés de la ronde des existences, ont atteint la libération. Dans la prise de refuge, sans exclure les autres aspects de la communauté, c'est plus spécialement sous la protection de la sangha supérieure que l'on se place.

La sangha constitue un refuge important, car c'est elle qui nous guide, par les maîtres qui en font partie, et nous encourage, par l'exemple de nos compagnons de route.

Les Trois Racines

Les Trois Joyaux constituent le refuge général de tous les bouddhistes. La tradition tibétaine, dans le contexte des tantras, y ajoute trois autres lieux de refuge, les Trois Racines : maîtres spirituels, yidams (divinités servant de support de méditation) et protecteurs (divinités aidant le pratiquant). Nous les aborderons plus en détail dans le huitième chapitre, consacré aux tantras et aux divinités.

Bouddha Shakyamouni

Chapitre 4

Détachement et liberté

Détachement est un mot qui parfois fait peur dans la mesure où il nous donne l'impression que nous allons perdre quelque chose. Pourtant, si nous y regardons de plus près, détachement signifie se défaire de ce qui nous attache, se dégager de ce qui nous lie, cesser d'être prisonnier. Se détacher, c'est donc gagner la liberté.

Nous sommes pour le moment partagés entre deux forces antagonistes : l'une qui nous pousse vers la terre, l'autre qui nous aspire vers l'espace. D'un côté, nous sommes comme aimantés par les multiples centres d'intérêt qui occupent notre courte vie. D'un autre, nous sentons confusément un appel à une autre dimension, plus vaste, plus belle, plus libre. Cependant, étant donné que les choses de cette vie sont plus visibles, plus tangibles et plus accessibles, nous avons tendance à leur accorder la priorité, si ce n'est l'exclusivité.

L'enseignement bouddhiste nous invite à regarder les choses de plus près, à vérifier si nous ne lâchons pas la proie pour l'ombre. En fait, selon lui, cette priorité que nous donnons aux réalités terrestres procède d'une vision faussée de notre situation. Nous ne comprenons ni tout le bien qu'on peut en tirer, ni l'écoulement du temps qui va nous en sortir rapidement, ni l'impact de nos actes sur notre avenir à long terme, ni les dangers qui nous entourent.

Pour nous aider à retrouver une perspective plus exacte, il nous propose quatre réflexions : sur la précieuse existence humaine, sur le temps qui passe, sur l'importance de nos actes et sur la souffrance qui nous guette.

La précieuse existence humaine

Peut-être avons-nous le sentiment que l'existence humaine dont nous jouissons maintenant est quelque chose de normal, un dû en quelque sorte, et que si nous devons renaître ce ne saurait être de nouveau que sous une forme humaine plus ou moins confortable. Nous ne nous imaginons pas revenir comme lapin, crapaud ou fourmi. Ou bien peut-être pensons-nous que cette vie est unique, sans rien qui la précède, ni rien qui la suive. Dès lors, autant la prendre comme une orange dont il faut presser le jus.

La vision que nous propose le bouddhisme est tout à fait différente : non seulement, tant que nous n'avons pas atteint l'éveil, nous renaissons continuellement, mais à l'intérieur même de ce système de réincarnations, la vie humaine est une situation privilégiée qui ne se produit pas aisément.

Elle est de plus très précieuse, car elle nous ouvre à la possibilité de développer des qualités dont l'accès est fermé à d'autres types d'êtres, les animaux par exemple. Ainsi sommes-nous capables de grandir en bonté, en amour inconditionnel, en patience, en tolérance, en dévotion et en sagesse.

Comme il serait dommage de gâcher ce qui est précieux, nous sommes encouragés à faire le meilleur usage de cette vie, non pas en grappillant des satisfactions superficielles, mais en engrangeant des trésors spirituels que nous ne perdrons jamais.

Le temps qui passe

Le temps est très malicieux : il s'écoule sans se faire remarquer. Avons-nous l'impression d'être plus vieux, plus ridé, plus fatigué que dix secondes auparavant ? Non. Pourtant, ce qui nous a fait gagner dix ans ne s'est pas produit par à-coups, mais par une succession de secondes, de nanosecondes même, dont la progression de l'une à l'autre nous est totalement imperceptible.

Bien sûr, le temps dévoile son œuvre lorsqu'il travaille à grands coups de pinceaux : le passage d'une saison à une autre, d'une époque à une autre, d'une ère géologique à une autre. Parfois même, il nous assène brutalement son inéluctable pouvoir : un décès, une séparation, un revirement de situation et nous voilà tout surpris. Ce n'était pourtant rien que de très prévisible : le changement ne s'arrête jamais et ne se soucie guère de faire des pauses pour notre plaisir.

Le Bouddha, pour nous en faire prendre conscience, a énoncé la suite logique des *quatre fins* :

- la fin de toute naissance est la mort,
- la fin de toute construction est la ruine,
- la fin de toute accumulation est la dispersion,
- la fin de toute rencontre est la séparation.

Il nous faut un grand effort de réflexion non pour l'admettre intellectuellement, mais pour nous en pénétrer. La maison dans laquelle je me trouve est quasiment neuve, solidement construite et je ne vois pas en quoi elle se dirige vers l'état de ruine. Pourtant si, inexorablement, d'instant en instant, elle se dirige vers sa fin.

De la même manière, même si je comprends intellectuellement que la mort m'emportera un jour, je n'ai pas l'impression de m'en approcher à chaque instant. J'ai plutôt le sentiment d'une certaine stabilité. Et c'est là le but principal de l'enseignement sur l'impermanence : nous détourner de l'illusion qui nous fait croire que nous avons le temps. Ma vie est précieuse, elle se dirige vers son terme et si je veux ne pas repartir les mains vides, du temps j'en dispose peut-être moins que je ne le pense. Il me faut donc me dépêcher, ne pas reporter au lendemain, chasser la paresse et m'appliquer dès maintenant à engranger les diamants du chemin spirituel.

L'importance de nos actes

Nous pouvons penser : « Oui, certainement, je mourrai un jour. Et après ? Pourquoi m'en inquiéter ? Quand c'est fini, c'est fini. C'est le lot de tout le monde. »

Si la mort nous engouffrait dans le néant, se soucier de ce que nous faisons de notre vie n'aurait qu'un intérêt très relatif : un petit tour de manège et puis plus rien.

Malheureusement ou heureusement, il n'en est pas ainsi. La mort n'est qu'un passage et nos actes de cette vie sont le ferment de nos vies à venir. C'est ce qu'on appelle la loi du karma : ce que nous faisons en cette existence conditionne ce que nous vivrons dans l'avenir, tout comme nous récoltons maintenant ce que nous avons semé dans nos vies antérieures.

Autrement dit, la loi du karma nous enseigne que, dans le domaine du destin des personnes, le hasard n'existe pas plus qu'en physique, en chimie, en biologie, etc. Nous sommes donc responsables de nous-mêmes et tenons notre avenir entre nos mains. Si le détail de la loi du karma échappe à nos capacités de compréhension, ses grandes lignes correspondent à la notion que nous avons de la justice : les actes accomplis mus par la bonté, l'amour, la générosité, la dévotion, etc. entraîneront notre bonheur à long terme, au-delà de cette vie, tandis que les actes produisant chez les autres la souffrance en raison de notre égoïsme, de notre haine, de notre avidité produiront notre souffrance.

Dans ce cas, à quoi bon s'adonner à des activités négatives qui nous donneront au mieux un bref contentement alors que leurs conséquences à venir se révéleront très douloureuses ? Ce serait comme se gaver de sucreries sans comprendre que nous nous ruinons la santé.

Dans cette perspective, certains prennent des vœux, de fidèle laïc ou de moine : en somme, pour s'assurer une bonne hygiène karmique.

La souffrance qui nous guette

Peut-être ne rêvons-nous pas aux bonheurs des mondes des dieux, auxquels nous avons du mal à croire, mais peut-être imaginons-nous qu'une vie humaine parfaitement heureuse est possible. Le quotidien nous inflige pourtant de cinglants démentis : les décès, les maladies, les séparations, les conflits, les guerres, les famines, les catastrophes naturelles, etc. nous rappellent sans ménagement que ce bonheur parfait que nous cherchons à construire n'est qu'un fragile château de cartes.

Pour souligner cet état de fait, le bouddhisme dégage trois types de souffrance :

- *La souffrance douloureuse* correspond à ce que nous appelons habituellement souffrance, physique ou mentale ; on pourrait encore dire *souffrance en action*.

- *La souffrance du changement* désigne la souffrance potentiellement contenue dans les moments heureux ; étant donné qu'ils ne peuvent durer indéfiniment, leur fin les transforme en souffrance.

- *La souffrance inhérente à l'existence conditionnée* signifie que toute existence dans la dualité d'un sujet et d'un objet est en soi une souffrance subtile par les limitations qu'elle implique et une souffrance potentielle, même s'il nous est impossible de nous en rendre compte pour le moment.

Cette vision peut sembler très pessimiste. N'y a-t-il donc aucun moyen d'échapper à la souffrance ? Si, mais pas là où nous cherchons. Le monde – il est aisé de le constater – s'il peut nous donner des satisfactions instables et partielles, n'a pas la capacité de nous accorder le bonheur authentique que nous lui demandons. En revanche, l'éveil nous l'offrira en abondance.

Ces réflexions n'ont aucunement pour but de nous attrister. Elles ne cherchent pas non plus à nous imposer un diktat du détachement. Tout au contraire, elles nous prennent par la douceur de la compréhension. Elles ne nous incitent pas au mépris de ce monde, mais nous en montrent la valeur relative. Elles n'ont en fait de sens que dans l'intelligence des valeurs spirituelles, dont les richesses brillent d'un tout autre éclat que ce que nous propose le miroir aux alouettes de notre attachement. Elles nous rendent moins aveugles et plus libres de progresser sur le chemin.

Chapitre 5

Amour et don de soi

Le détachement n'est pas un but en soi. S'il permet certainement de mener une vie plus sereine, moins emportée par l'agitation du monde, il donne surtout la liberté d'ouvrir les vannes aux flots immenses de l'amour, perspective qui irrigue tout le bouddhisme tibétain. Nulle sécheresse dans l'enseignement, mais l'eau vivifiante de l'amour qui y coule en abondance.

Le bodhisattva

Le courant du grand amour constitue l'idéal de ce qu'on appelle le *bodhisattva*, terme signifiant *héros de l'éveil* ou *chevalier de l'éveil*. Par là, on entend celui qui se voue courageusement à l'obtention de l'éveil, dans un but bien précis : obtenir les plus grandes capacités possibles pour secourir les êtres. La motivation du bodhisattva est donc l'amour, l'éveil étant le moyen qu'il se donne pour le mettre en œuvre et non un quelconque désir d'accomplissement personnel.

Cet amour se veut sans frontières :

- sans frontières dans l'espace : il englobe la totalité des univers ;

- sans frontières dans le temps : l'amour du bodhisattva est prêt à œuvrer aussi longtemps que des êtres souffriront ;

- sans frontières dans les nombres : il s'applique à la totalité des êtres ;

- sans frontières dans les catégories : il concerne non seulement les humains, mais aussi les animaux, tous les êtres visibles et invisibles ; il ne fait pas de distinctions entre amis et ennemis.

Selon une strophe célèbre :

Tant que durera l'espace
Et tant qu'il y aura des êtres,
Que moi aussi je demeure
Pour dissiper les douleurs du monde.[1]

Il est aisé de comprendre qu'une telle ampleur ne peut se déployer que progressivement. On envisage donc deux types de bodhisattvas : ceux qui sont habités par la motivation de l'amour universel, mais n'ont pas encore cultivé la puissance suffisante pour le mettre en œuvre sur une vaste échelle (on peut les appeler des apprentis bodhisattvas), et les véritables bodhisattvas, qui ont déjà atteint de hauts

1 Shantidéva, *l'Entrée dans la voie des bodhisattvas.*

degrés de réalisation (les terres de bodhisattva). Les apprentis bodhisattvas marquent habituellement leur engagement au cours d'une cérémonie : le vœu de bodhisattva.

L'ouverture du cœur

Le bodhisattva, voyant les souffrances du monde, s'efforce de fournir son aide dans tous les domaines : soigner ceux qui sont malades, consoler ceux qui sont dans la peine, soutenir ceux qu'afflige la pauvreté, accompagner ceux qui sont mourants, donner à chacun selon ses besoins.

Cependant, il comprend aussi que l'aide qu'il peut ainsi apporter n'est que temporaire : la maladie frappera de nouveau, la peine se représentera, la mort est inéluctable et un monde ordinaire sans souffrances ne saurait être qu'un rêve pieux. Pour cette raison, il vise plus loin. Ce qu'il veut, c'est mener les êtres au-delà de toutes souffrances, jusqu'à l'éveil. Aussi, au désir de relever les êtres de leurs tourments momentanés, ajoute-t-il, avec plus de force encore, celui de les mener sur le chemin spirituel.

La volonté du bodhisattva non seulement d'aider les êtres dans leurs difficultés temporelles, mais plus encore d'atteindre l'éveil pour tous les mener à l'éveil, constitue ce qu'on appelle l'*ouverture du cœur* (sct. bodhichitta).

Les quatre illimités

Le bodhisattva nourrit son esprit de quatre sentiments, *les quatre illimités*, illimités dans le sens où nous l'avons vu précédemment, sans les frontières de l'espace, du temps, des nombres ou des catégories :

- l'*amour illimité* : le souhait que tous les êtres possèdent le bonheur et les causes du bonheur ;
- la *compassion illimitée* : le souhait que tous les êtres échappent à la souffrance et aux causes de la souffrance ;
- la *joie illimitée* : la joie éprouvée à l'idée du bonheur des êtres ;
- l'*équanimité illimitée* : le souhait d'apporter à tous une aide égale, sans distinguer entre amis, ennemis ou indifférents.

Notons que, dans les deux premiers illimités, la notion de cause est importante : quelles que soient nos résolutions en faveur des autres, le bonheur ne leur tombera pas du ciel et leur souffrance ne sera pas emportée par une rafale de vent. Le bonheur procède de l'accumulation de karma positif et de la connaissance de la réalité profonde, tandis que la souffrance naît du karma négatif et de l'ignorance. Il est donc nécessaire, conformément aux souhaits des bodhisattvas, que nous cultivions les uns et que nous évitions les autres.

Les six perfections

Le bodhisattva ne se contente pas, comme nous venons de le voir, d'entretenir des sentiments, aussi nobles soient-ils, pour le bien des êtres, sentiments constituant ce qu'on appelle *l'ouverture du cœur intentionnelle*. Pour réaliser son projet, il s'exerce à développer six perfections transcendantes (sct. paramita), représentant *l'ouverture du cœur appliquée*, lesquelles le conduiront jusqu'à l'éveil où s'épanouiront jusqu'à l'infini les qualités lui permettant d'aider les êtres.

- Par la *générosité*, il donne des biens matériels, mais aussi procure la sécurité et offre l'enseignement spirituel.

- Par l'*éthique*, il évite de faire le mal, accomplit le bien et secourt les êtres.

- Par la *patience*, il apprend à supporter le mal qu'on cherche à lui faire, à endurer la douleur et à supporter les difficultés du chemin spirituel.

- Par la *diligence*, il maintient sa détermination d'atteindre l'éveil pour le bien de tous, il rejette les passions (colère, attachement, jalousie, etc.), il accomplit le bien sans peur et ne se lasse jamais de le faire.

- Par la *concentration*, il gagne le bien-être en cette vie, il obtient des pouvoirs exceptionnels et réalise le bien d'autrui.

• Par la *connaissance* (ou sagesse), il reconnaît que tous les phénomènes, semblables à un rêve, sont dépourvus de nature propre.

Ces perfections sont dites *transcendantes* en raison de la sixième, qui les imprègne toutes. La connaissance, voyant la véritable nature des choses, empêche en effet que les autres perfections restent dans le domaine de la perception ordinaire où sujet et objets semblent, à tort, dotés d'une existence propre.

Grandir en amour

La difficulté que nous rencontrons n'est pas tant d'éprouver de l'amour – ce que nous faisons tous – que de le rendre inconditionnel, autrement dit de l'appliquer à tous les êtres sans rien attendre en retour. Selon les paroles du XIIe Gyalwang Drukpa[1] :

> *Aimer l'autre, en prendre soin, partager mon affection, me donne ma récompense. Ce n'est pas l'autre qui me la donne, peu importe, j'ai cette récompense : un bonheur qui ne s'arrêtera jamais.*

Pour nous aider dans cette expansion de l'amour, l'enseignement nous propose plusieurs approches :

- en premier lieu, dans la perspective du nombre infini de nos vies passée, prendre conscience que tous les êtres ont été à un moment ou à un autre notre

1 *La Puissance de l'Amour*, éditions Claire Lumière.

mère, notre père, notre ami(e), etc. et qu'ils se sont alors efforcés de nous apporter avec la plus grande bonté tout ce dont nous avions besoin ;

- en deuxième lieu, dans la perspective de cette vie, prendre conscience que nous ne pourrions pas survivre sans l'apport d'une multitude de personnes et d'animaux, que nous leur devons donc notre reconnaissance ;

- en troisième lieu, prendre conscience de la fraternité fondamentale qui nous lie à tous les êtres : tout comme nous, tous aspirent au bonheur et tous veulent éviter la souffrance ; tout comme nous, tous sont affligés par l'ignorance et les poisons de l'esprit ; tout comme nous, tous souhaitent être aimés et compris ; tout comme nous, tous possèdent le potentiel de l'éveil.

La transformation de l'esprit

Dans ce contexte, le bouddhisme tibétain chérit particulièrement une tradition qu'on appelle la *transformation de l'esprit* (tib. lojong) regroupant des enseignements qui nous invitent à transformer en altruistes les tendances égoïstes de notre esprit.

Cette tradition propose notamment un exercice dit *le don et la prise en charge* où l'on apprend à changer d'attitude. Habituellement, nous sommes enclins à vouloir pour nous ce qui est agréable et à rejeter ce qui est souffrance, à placer notre intérêt devant celui des autres. Supposons qu'une tuile tombe d'un toit et blesse quelqu'un juste devant nous. Sans doute éprouverons-nous une certaine compassion, mais peut-être penserons-nous aussi : « Ouf, ça aurait pu être moi ! » Sous-entendu implicite : « C'est quand même mieux que ce soit l'autre. »

Dans la technique du don et de la prise en charge, nous inversons le mouvement : nous souhaitons donner notre bonheur et notre potentiel de bonheur, en même temps que nous acceptons de prendre sur nous les souffrances des autres. Ce n'est qu'un souhait, mais il nous exerce à développer un amour sincère et un courage qui peu à peu se traduiront dans les actes. Nous nous ouvrons à une bonté de plus en plus grande.

La noblesse du roi des singes

De nombreuses vies passées du Bouddha, quand il n'était encore que bodhisattva, nous content la grandeur du don de soi dans l'enthousiasme de l'amour.

Il arriva, par exemple, que le futur Bouddha soit le roi d'une troupe de singes vivant au bord du Gange dans un manguier qui donnait des fruits à nuls autres pareils. Connaissant la cupidité des hommes, il avisait ses sujets de ne jamais laisser un fruit tomber dans le fleuve, car ils viendraient les chasser pour s'emparer de l'arbre.

Un fruit finit cependant par échapper à leur surveillance et, bien mûr, tomba dans les eaux. Emporté par les flots, il termina dans les filets des serviteurs du roi de Bénarès. Ce dernier, ayant goûté le fruit, n'eut de cesse que d'en manger d'autres. Il fallait remonter le fleuve et trouver d'où il venait. Avec sa troupe, il se mit donc en marche et, un soir, ils arrivèrent au pied de l'arbre. Quand il vit les singes dans les ramures, il dit à ses hommes : « Dormons, nous les tuerons demain. »

Le roi des singes entendit ses paroles. Pour sauver ses sujets, il décida de leur faire traverser le fleuve ; mais lui seul avait assez de force pour sauter jusqu'à l'autre rive. D'un bond il s'y trouva, s'attacha une liane au pied et d'un autre bond revint dans le manguier. Hélas, la liane était un peu trop courte : il put attraper une branche, mais son corps faisait partie du pont qu'il voulait établir. Qu'importe, il ordonna à ses sujets de passer sur son dos et de filer sur la liane jusqu'à l'autre berge. Le dernier à passer était un singe qui le jalousait fort. Volontairement, il lui sauta violemment sur le dos et lui brisa les reins avant de fuir lui aussi.

Le roi des hommes avait suivi toute la scène. Ému jusqu'aux larmes, il ordonna à ses soldats d'aller chercher dans l'arbre le roi des singes et de lui dresser une couche dans des étoffes de soie. Il lui dit combien il admirait son geste pour son peuple. Mais ne regrettait-il pas d'y laisser la vie ? « Non, répondit le noble animal, je ne souffre pas de quitter ce monde, car j'ai donné la liberté à mes sujets. Et si ma mort peut vous être une leçon, je serai plus heureux encore. Ce n'est pas votre épée qui fait de vous un roi ; c'est l'amour seul. »

Chapitre 6
Connaissance et méditation

La connaissance transcendante

Nous avons vu précédemment que la connaissance était la sixième des perfections transcendantes auxquelles s'applique le bodhisattva. La connaissance s'applique à de nombreux domaines, qu'on répartit en deux grands ensembles :

- la connaissance temporelle : les sciences, les techniques, etc., tout ce que les hommes ont développé au cours des siècles pour augmenter leur bien-être ou pour assurer leur domination ;

- la connaissance transcendante qui, comme son nom l'indique, transcende les choses de ce monde ; si l'on veut, on pourrait dire, la connaissance spirituelle ou la connaissance au-delà de notre mode de perception actuel ; c'est de celle-ci dont il est question dans ce chapitre.

Le bouddhisme estime que nous sommes dans l'ignorance, autrement dit que nous nous trompons sur la véritable nature des choses, un peu comme dans un rêve où, tant que nous ne sommes pas réveillés, nous nous trompons sur la nature de ce qui apparaît, prenant pour réels (matériellement réelles) autant le personnage que nous appelons *moi* et qui constitue le centre du rêve, que tout ce qui l'entoure.

L'ignorance ne serait pas un problème si elle ne menait pas à la souffrance, en raison du processus suivant :

- l'ignorance entraîne la dualité *sujet* et *objet*,

- la dualité entraîne les perturbations dans le jeu de moi et autre (la colère, l'attachement, la jalousie, l'orgueil, etc.) ;

- les perturbations entraînent les actes négatifs ;

- les actes négatifs, par le biais du karma, entraînent la souffrance d'une vie à une autre.

Sortir de l'ignorance n'est donc pas seulement se libérer d'un voile cognitif, philosophique ou métaphysique, c'est plus encore extraire les racines de la souffrance et permettre à notre esprit de s'épancher dans le bonheur et la lumière sans limite de l'éveil, sa véritable nature.

La vacuité

Lorsqu'on parle de la véritable nature des choses, le bouddhisme, pour éviter que nous tombions dans de nouvelles solidifications, plutôt que de procéder par l'affirmation de ce qu'elle est, préfère le plus souvent utiliser la négation pour évacuer ce qu'elle n'est pas.

C'est là qu'intervient la notion de vacuité, notion chère au cœur des bouddhistes, avec laquelle il faut cependant se montrer très prudent si l'on ne veut pas sombrer dans de nouvelles erreurs. Le thème peut être abordé de bien des manières, parfois simples, parfois très complexes, une quantité considérable de traités apportant, dans le prolongement de l'enseignement du Bouddha, des points de vue variés selon les écoles.

En quelques mots, disons que vacuité ne signifie pas néant, totale absence d'existence, mais *manque d'existence propre* ou d'existence indépendante, s'appliquant aussi bien aux objets perçus qu'à celui qui les perçoit. On ne pose pas l'existence d'un vide en soi, mais d'un vide de quelque chose, autrement dit d'une absence de quelque chose, à savoir de réalité en soi. La vacuité d'un objet ne rejette pas son apparence, mais la complète.

L'une des façons d'aborder la vacuité consiste à partir du fait qu'un phénomène n'existe pas de manière indépendante, mais est le résultat de causes et de conditions en continuelle évolution, n'existe que par rapport à un ensemble. Par exemple, un fruit n'existe que par l'arbre qui l'a produit, lequel est le résultat d'une graine, laquelle provient d'un autre arbre, etc. Ou encore, une montre n'existe que par rapport aux éléments qui la composent, ceux-ci dépendant de sous-éléments, jusqu'aux atomes, qui sont eux-mêmes divisibles, etc. Ou encore, un moment n'existe que par rapport à un autre. On démontre ainsi la vacuité d'un phénomène, autrement dit son absence d'existence en soi.

Une autre façon d'envisager les choses prend comme référence l'état de rêve. Même si tout ce qui nous apparaît en rêve semble, pendant le rêve même, posséder une existence réelle, en fait ce n'est qu'une production de l'esprit, sans existence indépendante, sans même de réalité matérielle. Les phénomènes sont ainsi vides de réalité propre, ce qui n'empêche nullement leur manifestation. Vacuité et apparences ne s'excluent pas mutuellement, mais leur union constitue l'état réel des phénomènes.

Étant donné que, pour le moment, nous ne percevons que l'aspect manifesté des phénomènes, que nous l'avons *sur-réalisé* pour ainsi dire, l'enseignement insiste pour que nous réalisions aussi la vacuité qui accompagne cette manifestation. Non pas réduire les phénomènes au néant, mais voir qu'en même temps qu'ils existent, ils n'existent pas, en même temps qu'ils apparaissent ils n'ont pas la réalité propre que nous leur attribuons. Inversement, en même temps qu'ils n'existent pas, ils existent, tout comme une montagne dans un rêve : elle n'existe pas en tant que montagne matérielle située dans un lieu réel, mais existe en tant que manifestation de l'esprit. C'est le célèbre énoncé du *Soutra du Cœur* : « Les formes sont vides ; le vide est formes. »

Concevoir une vacuité qui nierait la manifestation serait tomber dans le nihilisme, position philosophique considérée comme pire que la croyance en la réalité intrinsèque des phénomènes qui guide maintenant notre pensée et notre conduite.

La notion d'absence d'existence propre ne s'applique pas seulement aux phénomènes perçus (les objets), mais aussi à celui qui les perçoit (le sujet). Autrement dit, ce moi auquel nous nous identifions si fort, cette individualité qui nous semble si évidente, n'est aussi qu'un ensemble de constituants en continuel changement (corps, sensations, perceptions, etc.) qui n'a pas plus de réalité que la personne que nous pensons être dans nos rêves. Ceci ne signifie pas que nous n'existions pas du tout, mais de manière très différente que ce que nous croyons maintenant, beaucoup plus vaste, plus belle et plus aimante. Nous sommes l'infini de notre nature éveillée et non le petit moi fictif auquel nous nous accrochons désespérément.

Nous passons de la fragmentation (moi et autre) à la plénitude, – la face cachée de la vacuité ! – dont il est dit qu'elle n'a « ni centre ni circonférence ».

Les trois degrés de la connaissance

L'apprentissage de la connaissance profonde passe par trois degrés :

- *La connaissance issue de l'étude* se réfère aux informations que nous emmagasinons en recevant des enseignements oraux ou bien en lisant des ouvrages consignant la parole du Bouddha ou rédigés par des maîtres.
- *La connaissance issue de la réflexion* fait un pas en avant, dans la mesure où elle nous demande de comprendre et d'assimiler les liens logiques qui relient les différentes assertions. Elle renforce notre conviction de la validité de ce qui a été énoncé.
- *La connaissance issue de la méditation* va plus loin encore, car elle nous permet d'entrer dans l'expérience de la vérité et non d'en avoir une simple compréhension au niveau de l'intellect.

Il est dit que le premier type de connaissance enlève le voile de l'ignorance au niveau intellectuel, que le deuxième supprime les doutes et que le troisième nous révèle clairement et directement la vraie nature des choses.

La méditation

La méditation joue donc un rôle essentiel, le mot recouvrant un sens sensiblement différent de ce qu'il exprime en français classique, à savoir une réflexion profonde sur un thème philosophique ou spirituel.

Il existe bien, dans le bouddhisme, des méditations analytiques, dans lesquels on fait usage de l'intellect et de la logique. Toutefois, le sens le plus fréquent du terme indique une autre direction : se poser dans l'espace non discursif de notre esprit, le simple fait d'être conscient, qu'on appelle sa nature, par opposition à ses productions que sont les pensées.

La méditation ainsi envisagée comprend trois étapes :

• *La pacification mentale*. Notre esprit se complaît habituellement dans un état de grande dispersion (on dit aussi de distraction), se laissant emporter sans aucune vigilance par les pensées qui le mènent selon leur fantaisie. La première étape de la méditation consiste à sortir de cette dispersion pour permettre à l'esprit de reposer en lui-même. Cette pacification du mental, si elle laisse l'esprit posé dans sa nature, ne la reconnaît pourtant pas pour ce qu'elle est. La notion d'un *moi* faisant l'expérience de cette paix, se positionnant comme le centre, n'est en effet pas dissipée.

• *La vision supérieure.* Utilisant soit l'analyse soit le regard direct, la vision supérieure, a pour fonction d'aller démasquer ce prétendu moi central, de voir qu'il n'a pas le degré d'existence que nous lui attribuons, que le monde extérieur n'a pas non plus de réalité propre.

• *L'union de la pacification mentale et de la vision supérieure.* Lorsque plus aucun effort n'est requis, mais que la vision supérieure reste spontanément installée dans une constante absence de distraction, c'est l'union des deux étapes précédentes, le niveau supérieur de la méditation.

Difficulté de la simplicité

Il est dit parfois que la méditation est la chose la plus simple du monde, car il suffit de rester tel quel, sans rien faire. Simple ne signifie pas pour autant facile, car la vraie simplicité demande de rester à la fois sans distraction et sans fabrication, deux tendances dont l'emprise est à l'heure actuelle très forte sur notre esprit. *Sans distraction* signifie ne pas se laisser emporter par le flot habituel des pensées parasites, évidentes ou subtiles. *Sans fabrication* veut dire ne pas tomber dans le jeu de l'intellect essayant de créer artificiellement l'expérience qu'il pense devoir atteindre plutôt que de s'effacer au profit de la vérité nue de notre être. La simplicité vraie demande également de ne pas sombrer dans une torpeur douillette, mais de maintenir, en même temps que la quiétude, une grande vivacité.

La méditation bouddhiste est un exercice très profond permettant d'approcher puis de découvrir la vérité pure et sacrée de notre être. Même si elle contribue à gagner une certaine détente et une certaine sérénité, ce n'est pas son but principal et on ne peut la rabaisser au rang de gadget supplémentaire sur les gondoles de l'hypermarché du bien-être contemporain. On ne peut pas non plus l'extraire de son contexte : pour qu'elle ne s'enlise pas dans des objectifs terrestres à court terme, mais puisse s'élever vers la liberté de la réalisation, elle a besoin du puissant soutien de la compréhension juste, de la dévotion et du détachement.

Chènrézi - Avalokita

Chapitre 7

Dévotion et bénédiction

Le détachement apporte la liberté. L'amour nourrit de son eau vivifiante. La connaissance donne une immense clarté. Quant au jeu de la dévotion et de la bénédiction, il offre une incomparable chaleur.

Recevoir la bénédiction

Il est assez difficile de dire ce qu'est la bénédiction dans la mesure où c'est une force qui n'est pas observée scientifiquement, que ne détecte, jusqu'à présent, aucun appareil de mesure. Elle est pourtant bien réelle et l'on pourrait peut-être la définir comme le rayonnement bénéfique de l'éveil dont nous recevons l'impact.

L'éveil étant omniprésent, son rayonnement doit nécessairement l'être aussi et, d'une certaine manière, nous y sommes continuellement exposés. Pour qu'il soit efficace, deux conditions sont toutefois requises : que nous y soyons réceptifs et qu'il soit concentré.

En premier lieu, si nous nous revêtons d'une armure de matérialisme, d'agnosticisme, d'incroyance, de rejet, d'indifférence et de doutes, il est difficile que la bénédiction nous pénètre, bien qu'il arrive qu'un rayon de grâce s'infiltre parfois par le défaut de la cuirasse. Inversement, une attitude confiante, tournée vers la recherche de la vérité, en attente de quelque chose qui dépasse notre perception ordinaire, fera de nous un réceptacle adéquat.

Encore faut-il, en second lieu, que le rayonnement diffus de bénédiction puisse être canalisé dans notre direction. C'est précisément l'un des rôles fondamentaux du maître spirituel, dont on dit parfois qu'il agit comme une loupe capable de concentrer les rayons du soleil. Sans la loupe, le soleil ne peut mettre le feu à un morceau de papier ; avec la loupe, les flammes jaillissent rapidement.

Le maître spirituel

En fait, le rôle du maître est triple : d'un côté, à l'instar d'un professeur, il transmet les connaissances théoriques nécessaires ; d'un autre, comme un père ou comme une mère, il s'efforce de nous guider sur le droit chemin, de nous faire éviter les écueils ; enfin, plus encore, il nous transmet la bénédiction.

Maître spirituel se dit en sanscrit *gourou*. Les érudits voient dans ce terme une racine commune avec le latin *gravis* et le grec *barus*, tous deux signifiant *lourd*, le premier donnant par exemple *gravité* et le second *baromètre*. En ce sens, le gourou est celui qui est chargé de sagesse, chargé des qualités issues de l'étude et de la réalisation. Selon une autre étymologie, plus mystique que linguistique, *gou* signifierait *obscurité* et *rou, lumière*, ce qui met en évidence le véritable rôle du maître : il est la lumière qui chasse l'obscurité de notre ignorance.

Confrontés à la traduction de ce terme, les Tibétains ont choisi de s'écarter du sanscrit pour forger un mot au sens tout aussi profond : *lama*. Lama se décompose en *la-* signifiant *insurpassable* et *-ma*, *mère*, ce qui suggère que le maître spirituel est une mère plus élevée que la mère terrestre. Celle-ci donne la vie du corps, tandis que le maître enfante à la vie éternelle. On dit encore que *la-* se réfère à la sagesse insurpassable du maître et *-ma* à sa compassion, aussi intense pour les êtres en général et pour ses disciples en particulier que l'amour d'une mère pour ses enfants. *Lama* compris en ce sens se réfère à un maître réalisé, même si, comme nous le verrons plus tard, le terme s'est élargi à d'autres acceptions.

Comment le maître transmet-il sa bénédiction ? En premier lieu, de manière invisible et permanente, par la seule force de son amour et de sa réalisation, force à laquelle le disciple se donne accès en se tournant vers elle, en se branchant à elle, d'une certaine manière. Il est dit par exemple que, lorsqu'on prie le maître du fond du cœur, la notion de distance est abolie : même s'il est loin physiquement, sa présence est la même que s'il était à côté de nous.

En second lieu, le maître peut, pour communiquer la bénédiction, s'appuyer sur des moyens plus palpables : par le biais d'une initiation, en posant la main sur la tête du disciple, en récitant un mantra ou une prière en sa faveur, etc. Dans tous les cas, la véritable source reste l'esprit.

Le double effet de la bénédiction

Lorsque nous rencontrons un problème de santé, de travail, de relation ou toute autre difficulté, nous cherchons à le résoudre par nos efforts personnels et par les moyens à notre disposition : la médecine, les institutions, les amis, etc. Le Tibétain, sans oublier les mêmes recours, fera en plus probablement appel à la bénédiction : par ses propres prières, en demandant l'aide d'un maître, en faisant des offrandes à telle divinité ou à tel monastère… Il recevra très certainement une aide, car la compassion des bouddhas et des bodhisattvas nous prend comme nous sommes, perdus dans les multiples problèmes qui nous assaillent ou que nous nous créons.

Cette même compassion voit aussi plus loin et veut nous apporter davantage : nous sortir de l'obscurité de l'ignorance dans laquelle nous évoluons comme dans un rêve dont nous ne savons pas qu'il n'est qu'un rêve. Aussi regarde-t-on comme une bénédiction beaucoup plus grande celle qui fait naître en nous, par l'enseignement et par la pratique, de nouvelles compréhensions, une vision plus profonde, un amour plus grand et une dévotion plus vaste.

La première bénédiction guérit des symptômes. La seconde nous libère peu à peu de la maladie.

La dévotion : une confiance totale

Nous l'avons dit : pour être sensible à la bénédiction, il faut cette réceptivité qu'on appelle la dévotion, tout comme il est nécessaire d'ouvrir les volets pour laisser entrer la lumière du soleil.

Dévotion est un mot vieillot, fort écorné par le *Tartufe* de Molière qui ne critiquait pourtant que la fausse dévotion et, malheureusement, évoquant parfois davantage la bigoterie qu'un élan du cœur vers l'illimité, un mouvement pour se fondre en lui par le canal de ce qui l'incarne, à savoir les sages, les saints et les maîtres spirituels. La dévotion réunit en fait de nombreuses notions : l'amour, la foi, la confiance, la ferveur, la vénération, le don de soi, mais aussi le respect, l'admiration, le dévouement et le service.

Être véritablement disciple, et non un simple admirateur, suppose notamment de s'abandonner au maître avec une totale confiance, non pas aveugle, mais dans la compréhension qu'il est la clé nous ouvrant la porte de la vérité au-delà des apparences. Un proverbe dit par exemple que si le maître, nous montrant de l'eau, dit que c'est du feu, ou, nous montrant un chapeau, dit que c'est une chaussure, nous devons l'accepter, ce qui revient à dire de manière imagée que nous devons toujours considérer les opinions du maître comme supérieures aux nôtres. Sinon, d'une certaine manière, nous pensons que c'est nous qui possédons la clé et il nous est impossible de progresser.

Dans les temps anciens, cette acceptation allait jusqu'à l'héroïsme. Ainsi Naropa subit-il sans regimber douze grandes épreuves que lui inflige son maître Tilopa. Plus célèbres encore sont les peines physiques et morales que Marpa impose à Milarépa pour le purifier d'actes négatifs accomplis dans sa jeunesse. De nos jours, les maîtres, conscients de notre faiblesse, sont beaucoup plus doux avec nous ; mais la confiance que nous leur devons n'en reste pas moins essentielle.

Le bouddhisme tibétain aime traduire l'esprit dans les formes. Pour cette raison, le disciple, en témoignage de son respect, suit un certain nombre de règles : lorsqu'il se présente devant lui, il accomplit trois prosternations ; lorsqu'il demande une instruction, il fait une offrande ; il reste debout tant que le maître n'est pas assis ; il évite d'enjamber ses chaussures ou l'un de ses vêtements ; il ne marche pas sur son ombre, etc. Toutes ces marques n'ont bien sûr de sens que si elles reflètent la vénération du cœur. Sinon, ce ne sont que des coutumes.

Bénédiction tous azimuts

En dehors de la relation privilégiée entre maître et disciple, le bouddhisme tibétain, guidé par la compassion pour tous les êtres, s'efforce de leur communiquer la bénédiction par tous les moyens possibles. Les drapeaux de prière et les moulins à prière, la récitation de mantras, les pilules consacrées, le rayonnement des statues, des peintures et des monuments en sont des exemples.

Toute personne ayant voyagé dans les Himalayas aura vu des drapeaux de prières, soit sous la forme de petits rectangles de tissus multicolores se succédant sur de longs fils tendus horizontalement, soit sous la forme de longues bannières accrochées à des mâts.

Imprimés de dessins, de mantras et de prières, on dit qu'ils portent chance à celui qui les installe. Ils exercent cependant une autre fonction, plus altruiste dans la mesure où ils servent aussi à diffuser la bienveillance des bouddhas. Quand le vent passe, il caresse en effet les formules sacrées qu'ils recèlent, s'imprègne de leur bénédiction et s'en va la redistribuer à tous ceux qu'il touchera dans sa course.

Les moulins à prière fonctionnent sur le même principe. Les faire tourner, c'est mettre en mouvement l'énergie des mantras qu'ils contiennent, c'est la répandre et la diffuser tout autour, dans l'idée qu'elle sera bénéfique non seulement pour celui qui utilise l'objet, mais aussi pour tous ceux, hommes, animaux ou esprits invisibles, sur qui s'épancheront les ondes émanant des formules sacrées. Certains moulins à prière sont installés sur des cours d'eaux et mus par la force du courant : tous ceux qui seront en contact avec cette eau – poissons, coquillages, ceux qui la boiront ou ceux qui l'utiliseront pour se laver – recevront la bénédiction qui en émane.

La récitation des mantras dans la nature sert également à répandre la bénédiction pour les animaux qui les entendent. Kalou Rimpoché[1], qui eut de très nombreux disciples tant en Orient qu'en Europe et en Amérique, racontait non sans malice, que, dans son

1 1905-1989.

enfance, il aimait se rendre auprès des fourmilières formant des monticules dans les grandes forêts du Kham où il habitait. Il ajoutait qu'il n'était pas impossible que nombre de ses disciples étaient ces fourmis, maintenant réincarnées dans de bonnes conditions grâce à la force des mantras.

Autre moyen matériel pour transmettre la bénédiction : les petites pilules appelées *mèndroup*, pilules façonnées à partir de nombreux ingrédients (substances médicinales et aromatiques, herbes et autres, et des reliques des grands êtres du passé, parfois à dose homéopathique) et consacrées au cours de longs rituels. Même si elles peuvent avoir un effet bénéfique sur la santé, elles agissent davantage comme une bénédiction pour l'esprit. On en répand parfois aussi dans les rivières ou dans la mer pour que les animaux aquatiques puissent en bénéficier.

Les statues et les thankas[1] représentant les bouddhas, les divinités ou les maîtres spirituels servent également de vecteur de la bénédiction pour ceux qui les voient, dans la mesure où elles ont été consacrées. Les stoupas, qui regorgent de mantras, de reliques et de substances sacrées, sont d'autres relais dont les ondes bénéfiques se répandent sur le paysage.

1 Peintures sur tissu accrochées aux murs des temples.

Notre monde, fort scientifique et fort matérialiste, a largement écarté la bénédiction. Du proverbe « Aide-toi, le ciel t'aidera », il semble avoir orgueilleusement gommé la deuxième proposition. En est-il plus heureux? C'est loin d'être certain. Peut-être se sent-il plutôt esseulé, désemparé, perdu dans un univers dont il ne voit que la surface, incapable de faire appel à ce qui le dépasse, oublieux du vrai bonheur au profit d'un bien-être trompeur, désespérément à la recherche de sens entre une naissance due au hasard et une mort qui clora définitivement l'histoire.

Le Tibétain, pour sa part, comme toute personne authentiquement spirituelle, s'est fait une amie de la bénédiction: elle le désaltère quand il a soif, le nourrit quand il a faim, le réchauffe quand il a froid, le protège quand il est en danger, le relève quand il tombe, le console quand il est dans la peine, l'éclaire quand il est dans la nuit.

Chapitre 8

Tantras et divinités

Les tantras sont des enseignements délivrés par le Bouddha de manière mystique, en dehors du cadre de sa prédication traditionnelle. Nombreux et complexes, difficiles à comprendre, ils révèlent notamment le riche univers des divinités et des mantras qui leur sont associés, sans doute l'aspect le plus marquant du bouddhisme tibétain.

La nature des divinités

Le profane verra volontiers dans les divinités qui ornent les murs des temples une sorte de panthéisme multiforme et flamboyant où visages, bras et jambes semblent rivaliser en nombre, tandis que figures féminines et masculines, paisibles et irritées occupent tout à tour le devant de la scène dans un déploiement de couleurs.

S'il s'agissait d'un théâtre d'entités fantasques, on serait aux antipodes de la philosophie bouddhiste.

Or, on se trouve dans son cœur, là où les formes ne contredisent pas la vacuité, où la vacuité ne rejette pas les formes, où leur indissociation vibre de la vie de l'éveil.

L'essence des divinités n'est autre que l'esprit éveillé et leur manifestation, la dynamique de ce même esprit éveillé, qui n'est jamais séparée de sa source. L'esprit éveillé, c'est celui des bouddhas, mais c'est aussi, potentiellement, le nôtre. Pour cette raison, sur le chemin, les divinités apparaissent comme séparées de nous et nous aidant à progresser, mais ultimement, elles ne le sont pas. Pour celui qui atteint la réalisation, qui ne vit plus dans la notion d'un centre (moi) et d'une périphérie (autre), les divinités sont le rayonnement de la nature pure de son propre esprit.

Au-delà de la multiplicité des formes, toutes les divinités participent de la même essence. Étant donné que la créativité de cette essence est infinie, le nombre des divinités est aussi infini, sans jamais nous faire entrer dans un monde d'êtres supérieurs qui seraient séparés les uns des autres.

Cependant, si la nature des divinités est une, leur fonction est double, selon ce que nous attendons d'elles : fonction relative et ultime ou, si l'on préfère, populaire et mystique.

La fonction relative des divinités

Sur le plan relatif et populaire, une divinité possède une histoire – on pourrait dire un mythe ou une légende – et nous aide dans notre quotidien. Prenons comme exemple Tara, une des figures les plus connues du bouddhisme tibétain. On dit que, voici des temps immémoriaux, avant d'être une divinité, elle était la princesse Lune de Sagesse, à l'époque où vivait le Bouddha Son du Tambour. Elle prit en sa présence le vœu de bodhisattva, autrement dit promit d'obtenir l'éveil pour secourir tous les êtres et se consacrer sans cesse à leur bien.

Les moines, très condescendants, lui dirent alors que pour atteindre son but elle devrait d'abord prier afin de renaître homme et non point femme. Lune de Sagesse, dont la compréhension, toute femme qu'elle était, était beaucoup plus profonde que la leur, n'apprécia guère leur commentaire et leur répondit :

Ici, pas d'homme, pas de femme,
Pas de moi, pas d'individu, pas de catégories.
"Homme" et "femme" ne sont que
des dénominations
Créées par la confusion des esprits égarés
de ce monde.

Elle ajouta: « Beaucoup désirent l'éveil dans un corps masculin, mais personne n'œuvre pour le bien des êtres dans un corps féminin. C'est pourquoi, jusqu'à ce que soit vide le monde de la souffrance, je travaillerai pour le bien des êtres dans un corps féminin. »

Puis, pendant dix millions d'années, elle pratiqua jusqu'à ce qu'elle atteigne la complète réalisation et devienne capable de libérer dix millions d'êtres chaque matin et autant chaque soir. C'est alors que le Bouddha Son du Tambour déclara qu'elle serait désormais connue sous le nom de Tara, la Libératrice.

C'est cette même Tara que les Tibétains regardent comme une mère qui les protège, qu'ils prient pour qu'elle les secoure dans toutes les difficultés de leur vie quotidienne: dans le danger, dans la maladie ou la pauvreté, pour qu'un voyage se passe bien, pour avoir un enfant, etc.

La fonction ultime des divinités

Nul ne prétendra qu'il n'a pas besoin d'aide face aux turbulences que lui réserve la vie. Néanmoins, il nous faut aussi voir plus loin, découvrir ce qui se cache derrière les apparences.

Pour le moment, nous avons la sensation quasi indéracinable que notre moi est réel, que le monde extérieur est réel et que la séparation entre les deux est tout autant réelle. Or, l'enseignement nous dit que ce système auquel nous croyons si fort n'est qu'une erreur, une illusion ou une fiction. Ce qui est vraiment réel, c'est « ni moi, ni autre » et, par conséquent, l'absence de séparation.

Nous avons vu que la méditation dans sa profondeur avait pour but d'évacuer cette illusion, racine de toutes nos souffrances. La méditation des divinités joue exactement le même rôle, mais est regardée comme un outil particulièrement puissant.

Lorsqu'une divinité est utilisée comme support de méditation dans la quête de la réalisation ultime, on l'appelle en tibétain un *yidam*, terme qu'on pourrait traduire par *divinité choisie*. Le principe de la pratique d'un yidam est relativement simple : le méditant met de côté son identification à la petite personne qu'à tort il croit être et s'assimile à son identité divine. Il se dégage de la pesanteur de l'erreur pour entrer dans l'espace de la réalité.

Son corps devient ainsi le corps de la divinité, semblable à un arc-en-ciel, union immatérielle de la forme et de la vacuité.

Sa parole devient le mantra, semblable à un écho, union du son et de la vacuité.

Son esprit devient la conscience primordiale de la divinité, union de la conscience et de la vacuité.

L'initiation

Ce principe ne peut cependant pas fonctionner sans un rituel préalable : l'initiation. Les divinités ne sont en effet vivantes que par la bénédiction qui les anime. Or, c'est l'initiation qui permet de recevoir cette bénédiction.

Une initiation se présente sous la forme d'une cérémonie plus ou moins complexe, utilisant un certain nombre d'instruments rituels, pouvant durer de quelques dizaines de minutes à quelques jours, être donnée à un large public ou à un cercle restreint. Lorsqu'elle est destinée à véritablement commencer la pratique d'une divinité, elle n'est habituellement conférée qu'à un petit groupe, de manière discrète. En revanche, donnée à une vaste foule – l'initiation de la divinité Kalachakra par le Dalaï-Lama transmise de temps à autre à Bodhgaya regroupe jusqu'à deux cent mille Tibétains –, elle se veut davantage une bénédiction d'ordre général (et un signe de rassemblement identitaire) qu'un engagement de pratique.

Les engagements sacrés

Les maîtres sont par nature animés d'une grande sagesse et, pour cette raison, ne donnent pas d'initiations véritables sans discrimination.

Ces cérémonies sont en effet assorties d'engagements sacrés (sct. samaya, tib. damtsik) que le récipiendaire doit respecter pour éviter que des obstacles ne viennent entraver son cheminement. Ils sont nombreux, mais on en dégage trois principaux :

- ne pas rejeter, critiquer ou déprécier un maître dont on a reçu des initiations et des instructions ;
- ne pas aller à l'encontre, par ses propos ou par sa conduite, de la parole du Bouddha ou de la parole du maître ;
- ne pas entretenir des pensées négatives (colère, mépris, rancune, jalousie, etc.) à l'encontre des *frères et sœurs vajra*, à savoir ceux qui ont reçu l'initiation en même temps que nous, ont reçu la même initiation lors d'une autre cérémonie ou sont disciples du même maître que nous.

Il peut y avoir, de plus, des engagements particulièrement liés à une initiation reçue, par exemple l engagement de réciter tel nombre de mantras de la divinité.

Les Tibétains insistent assez fortement sur ces samayas, car ils garantissent que la pratique sera fructueuse. Sinon, ce serait comme mettre du poison dans une nourriture excellente.

Les Trois Racines

Dans le chapitre consacré au refuge, nous avons brièvement mentionné que, dans les Tantras, on ajoutait aux Trois Joyaux les Trois Racines : les lamas, les yidams et les protecteurs. Ces Trois Racines occupent une place importante notamment en relation avec la méditation des divinités.

- Les *lamas*, à savoir les maîtres spirituels, sont la *racine de la bénédiction*, car ils sont les dépositaires et les vecteurs de l'énergie spirituelle propre aux divinités dont ils ont reçu eux-mêmes l'initiation dans le cadre d'une lignée ininterrompue, et dont ils ont accompli la pratique. Les lamas retransmettent cette énergie aux adeptes en leur conférant à leur tour une initiation, laquelle inscrit dans leur esprit les virtualités de la divinité. Étant donné que, sans ces virtualités, il n'y aurait rien à développer – comme une plante ne peut pas pousser sans la graine initiale –, le rôle de l'initiation et de la bénédiction transmise est fondamental.
- Les *yidams* (autrement dit les divinités) sont la *racine des accomplissements*, car c'est leur pratique (les visualisations et la récitation des mantras), faisant

suite à l'initiation, qui permet d'actualiser les virtualités, c'est-à-dire d'obtenir un résultat. Le yidam est donc, dans les tantras, le vecteur de la croissance spirituelle. Par *accomplissement*, on entend la réalisation de notre véritable nature ou, parfois, l'obtention de certains pouvoirs supra-normaux, comme lire dans les pensées, prévoir l'avenir, voler dans les airs, marcher sur les eaux, obtenir une très longue vie, ces pouvoirs n'ayant de sens que si on les met au service des autres. Sinon, ils risquent de devenir un obstacle en renforçant l'ego.

- Les *protecteurs* sont la *racine de l'activité*, car ils déploient une activité qui consiste à réunir les conditions favorables à la pratique ainsi qu'à écarter les obstacles qui pourraient se présenter. Les protecteurs sont des divinités qui, tout comme les yidams, sont des émanations de l'éveil, mais leur fonction est différente.

Ayant au préalable accompli un grand nombre de pratiques préparatoires (prosternations, accumulation de mantras de purification, offrandes et récitation de prières adressées aux maîtres), ayant obtenu l'initiation d'un maître qualifié, ayant également reçu les instructions pour les différentes visualisations, gardant fidèlement ses engagements, il reste ensuite à l'adepte à s'adonner à la pratique avec effort et persévérance, parfois dans le cadre de strictes retraites, parfois en intégrant ses méditations à sa vie quotidienne.

Chènrézi

On ne saurait clore ce chapitre consacré aux divinités sans accorder quelques lignes à la divinité Chènrézi (sct. Avalokita), qu'on peut appeler le *saint patron* du Tibet et dont le mantra OM MANI PADMÉ HOUNG, sur les hauts plateaux, chante sur toutes les lèvres.

En fait, c'est davantage Chènrézi qui a choisi les Tibétains que les Tibétains qui l'ont choisi. On dit en effet qu'ils étaient si rudes qu'aucun bodhisattva ne voulait en prendre soin. Seul Chènrézi, comme le prédit le Bouddha Shakyamuni dans un soutra aurait le courage de venir en aide au Tibet, car il avait, voici bien longtemps, fait le souhait d'obtenir la capacité de conduire vers la libération ceux qui vivent dans « le barbare Pays des Neiges, là où les êtres sont si difficiles à discipliner qu'aucun bouddha n'y a posé le pied ». Chènrézi, selon ce récit, pria ainsi : « Puisse ce pays sombre et barbare devenir lumineux comme une île remplie de joyaux ! »

Pour les Tibétains, Chènrézi est donc celui qui les a libérés de la barbarie pour remplir leur cœur de compassion et leur esprit de la doctrine sacrée venu de l'Inde.

On en trouve un témoignage supplémentaire dans le Potala et les Dalaï-Lamas.

On sait peu que le Potala, avant d'être le célèbre édifice qui domine Lhassa, est d'abord une montagne sacrée s'élevant dans le sud de l'Inde, regardée comme étant la demeure terrestre de Chènrézi. Si le palais-monastère de Lhassa porte le même nom, cela tient au fait que sa construction fut entreprise au VIIe siècle sous le règne du roi Songtsèn Gampo. Or, Songtsèn Gampo fut révéré comme étant une émanation de Chènrézi. Il était donc normal que sa demeure soit baptisée le Potala. Par la suite, le Potala de Lhassa devint la résidence des Dalaï-Lamas (c'est le cinquième d'entre eux qui, au XVIIe siècle, fit agrandir le palais pour lui donner la forme que l'on voit encore de nos jours). Les Dalaï-Lamas, tout comme le roi de l'antique dynastie, sont eux aussi considérés par les Tibétains comme des émanations de Chènrézi.

Nous retrouvons là la fonction relative des divinités : intervenir dans le temporel pour en assurer un fonctionnement harmonieux malgré tous les défauts des humains.

Quoi de mieux que d'être gouverné par une émanation de la divinité dont on dit qu'elle représente l'amour universel ?

Tara

Chapitre 9

Moines et lamas

On ne peut terminer ce portrait du bouddhisme tibétain sans donner un aperçu de son clergé, qui occupe une place si importante. Sans être aussi nettement hiérarchisé que les Églises d'Occident, il comprend ses fonctions et ses titres qu'il faut savoir distinguer. Nous verrons successivement ce que sont les moines, les lamas, les rimpochés, les tulkous, les khèmpos, et les guéshés.

Moines

Dans les monastères tibétains, la plupart des moines sont offerts au monastère dès leur enfance. Ils y sont élevés en communauté, apprenant le respect des anciens, la vie en commun et beaucoup de joie fraternelle. Ils y reçoivent une éducation faisant d'eux des *professionnels* de la religion : lecture et écriture des textes sacrés, mémorisation de nombreux rituels, apprentissage des différents instruments de musique, etc.

Ceux qui manifestent des dons pour les études sont longuement entraînés aux arcanes de la philosophie et de la logique. Ceux qui révèlent des dons pour la méditation sont spécialement formés dans des centres de retraite à l'écart du monastère, généralement pendant plusieurs années, voire passent la majeure partie de leur existence dans un ermitage. Ceux qui ne montrent pas de capacités remarquables sont principalement employés à exécuter des rituels, pour le bien de toute la communauté bouddhiste et de tous les êtres en général.

Selon la règle instituée par le Bouddha, les moines ne doivent pas s'adonner à des travaux rémunérateurs. Au Tibet, ils étaient entretenus individuellement par des parents ou des laïcs participant par ce biais à leur activité bénéfique. En Inde, beaucoup de monastères ont adopté une gestion plus communautaire, les dons reçus étant répartis selon les besoins de tous. Cette coopération entre moines et laïcs établit une symbiose harmonieusement vécue entre les bienfaiteurs apportant leur soutien matériel et ceux qui se consacrent aux tâches religieuses, conçues non pas comme un projet individuel, mais comme une pièce maîtresse et efficace du bien-être de toute la société.

Se conformant aux règles établies par le Bouddha dans le Vinaya, les moines possédant l'ordination mineure (sct. *shramanéra*, tib. *guétsul*) s'engagent à respecter trente-six vœux, tandis que ceux qui ont reçu l'ordination majeure (sct. *bhikshou*, tib. *guélong*) doivent en observer pas moins de deux cent cinquante-trois. Beaucoup de ces vœux constituent des observances secondaires qui s'ajoutent aux cinq principes fondamentaux : ne pas tuer (humains et animaux), ne pas voler, ne pas mentir, observer la chasteté, ne pas prendre d'intoxicants (alcool, drogue).

Les vœux secondaires (qui, selon les circonstances, ne sont pas toujours strictement observés), concernent une multitude de circonstances de la vie quotidienne, règles qui se sont forgées progressivement du vivant du Bouddha, parfois en réponse à l'inconduite de certains moines.

Le moine tibétain est vêtu d'épais habits bordeaux : une jupe (tib. *shantap*) aux nombreux plis et un très vaste châle (tib. *zèn*) recouvrant une chemise jaune sans manches. Son bras droit reste habituellement découvert. Lors des rituels, il porte parfois un *zèn* de cérémonie de couleur jaune composé de multiples pièces cousues ensemble, ce qui rappelle l'habit que s'était confectionné le Bouddha à partir de guenilles après avoir fui le palais royal.

Il ne faudrait pas croire, surtout de nos jours, qu'un enfant moine serait comme prisonnier du monastère. À l'âge adulte, certains décident de le quitter sans que cela ne pose de problèmes. En Inde, certains monastères s'efforcent d'ailleurs de donner aux jeunes moines, parallèlement à leur formation monastique, les bases d'une bonne éducation laïque, afin qu'ils ne soient pas déphasés s'ils décident de choisir la vie dans le monde.

Lamas

Nous avons vu précédemment comment le lama se situait sur le plan spirituel, occupant la fonction de maître et jouant un rôle essentiel dans le système des Trois Racines.

Dans le cadre de l'institution, lama est un titre s'appliquant en premier aux tulkous (les maîtres réincarnés) lorsqu'ils occupent la fonction de supérieur d'un monastère ou d'enseignant. En second lieu, il est donné à des maîtres qui, sans êtres tulkous, ont acquis une certaine réputation en raison de leur pratique profonde et de leur réalisation, l'érudition étant pour cette fonction un paramètre secondaire, même si de nombreux lamas sont aussi très savants.

Théoriquement, le titre de lama devrait donc être réservé à des êtres possédant de grandes qualifications. De nos jours, cependant, il est aussi donné, notamment dans les lignées Nyingma et Kagyu, à des pratiquants, qui, sans posséder de réalisation particulière, ont suffisamment d'expérience pour servir de relais aux grands maîtres qui leur confient des responsabilités.

Un lama peut-être moine, laïc ou marié. S'il est moine, il occupe hiérarchiquement un rang supérieur à ses condisciples, un moine n'étant pas nécessairement lama.

Rimpochés

Rimpoché ou Rinpoché, mot signifiant *précieux*, est un titre qu'on applique à des personnes occupant une position élevée dans la hiérarchie. Les tulkous le possèdent automatiquement. On le donne aussi à des pratiquants remarquables par leur réalisation, l'étendue de leurs connaissances ou de leur activité. Il arrive également que les disciples expriment leur admiration et leur ferveur en appelant spontanément leur maître « Rimpoché ».

Pour certains maîtres, en raison de leur place institutionnelle éminente, on utilise parfois en plus ou à la place de Rimpoché, un titre encore plus élevé. Pour le Dalaï-Lama, par exemple, ou les chefs de lignée, on dira en tibétain *Koundun* (Celui en la présence de qui je suis) ou *Yishin Norbou* (Joyau qui exauce les souhaits). Confrontés à la nécessité de trouver des équivalents, les Occidentaux, tout en s'offusquant souvent qu'on qualifie le bouddhisme de religion, sont allés assez curieusement les pêcher dans la phraséologie du catholicisme, reprenant *Sa Sainteté* pour les chefs de lignée et, pour ceux qui se trouvent juste en dessous, *Son Éminence*.

Tulkous

Les tulkous sont, dans le bouddhisme tibétain, des personnes reconnues dès leur enfance comme étant la réincarnation de maîtres passés, situés sur les divers degrés de l'échelle de la réalisation. S'il est certain que des grands êtres sont venus et revenus sur la Terre en tout temps et en tout lieu, seuls les Tibétains en ont fait une institution et ce, à partir du XIIIe siècle.

La reconnaissance des tulkous répond à une double préoccupation. D'une part, d'un point de vue spirituel, elle permet de fournir dès l'enfance la meilleure éducation possible et de redonner rapidement leur rôle aux maîtres. D'autre part, du point de vue de l'institution, elle permet d'assurer la pérennité des lignées et des monastères sur des bases stables.

Comme tous les systèmes, celui des tulkous n'a pas manqué d'être touché par certaines imperfections. Dans son ensemble, cependant, il a servi de charpente maintenant solidement l'édifice du bouddhisme tibétain et permettant le plus souvent de donner la primauté à la réalisation sur le pouvoir.

Khèmpos et guéshés

Khèmpo et guéshé sont deux titres d'érudition qu'on pourrait traduire par *docteur en philosophie bouddhiste*. Le premier est utilisé dans les lignées Nyingma et Kagyu, le second dans les lignées Sakya et Guélouk.

Khèmpo peut aussi désigner l'abbé d'un monastère. C'est en ce sens que l'emploie la lignée Guélouk, qui l'attribue également à un aîné parmi les moines qui président une cérémonie d'ordination.

Khèmpo en tant que docteur en philosophie couronne normalement treize années d'études. Devenir guéshé – ce qui comprend différents degrés – demande également un grand nombre d'années d'apprentissage.

Certains érudits sont à la fois khèmpo et guéshé. Certains sont principalement de grands savants, d'autres aussi de grands méditants.

Manjushri

Conclusion

Pendant quelque treize siècles le bouddhisme tibétain a préservé sa richesse – non sans quelques cahots et déviations inhérentes à toutes les organisations humaines – à l'abri de l'écrin himalayen, sans guère de contacts avec l'extérieur, si ce n'est avec la Chine et la Mongolie, l'Inde n'étant devenue qu'un lieu de pèlerinage.

L'invasion chinoise de 1959 fut un choc d'une extrême brutalité. Sous prétexte d'apporter la lumière et la libération, elle enveloppa le pays d'une épaisse obscurité et se complut dans la terreur et les camps de concentration. Elle détruisit la très grande majorité des monastères, brisa sauvagement les statues, brûla les textes sacrés, annihila les institutions, poussant une partie des moines et du peuple à s'exiler en Inde et au Népal dans des circonstances dramatiques.

Peu à peu, d'abord dans des conditions précaires, sous la direction des maîtres qui avaient pu s'enfuir, les monastères se sont reconstruits dans les pays d'accueil, donnant de nouveau un cadre à l'étude et à la pratique.

L'exil, malgré les souffrances et les grandes difficultés rencontrées, entraîna deux bienfaits : un rapprochement entre les lignées qui, au Tibet, entretenaient parfois des relations conflictuelles et une ouverture au monde.

Si l'on excepte quelques explorateurs et voyageurs aventureux, dont la célèbre Alexandra David-Neel, c'est à la fin des années soixante, en Inde et au Népal, que les premiers Occidentaux, de jeunes gens en quête d'exotisme et de spiritualité – parfois de paradis artificiels –, sont entrés pour la première fois en contact avec des maîtres tibétains. La rencontre fut fructueuse. En effet, si le bouddhisme s'abstient du prosélytisme, il est en revanche prêt à apporter généreusement une réponse lorsque se présente une demande sincère. Et c'était le cas.

Certains de ces jeunes apprirent le tibétain, s'initièrent aux techniques de méditation, s'engagèrent parfois dans de longues retraites. Heureux de ce qu'ils découvraient, ils décidèrent d'inviter leurs maîtres dans leurs pays pour y partager leur trésor. Ce fut le début des *centres tibétains* en Europe et en Amérique du Nord.

Ces îlots d'enseignement et de pratique, sans être très nombreux, parsèment désormais notre territoire, donnant la possibilité à ceux qui le veulent de s'informer sur le bouddhisme tibétain ou de commencer à le pratiquer. Cette activité reste toute jeune : une cinquantaine d'années. Portera-t-elle des fruits à long terme ou s'étiolera-t-elle peu à peu ? Il est trop tôt pour en juger. Seul l'avenir le révélera.

Quant au bouddhisme tibétain au Tibet et en Inde, il devra, pour survivre dans sa pureté tout en s'adaptant au monde moderne – à supposer que cette perspective ne soit pas utopiste –, se montrer solide et vigilant face aux pressions très visibles des autorités chinoises et plus encore face à la contamination sournoise de la mondialisation matérialiste.

Pour les adresses des centres bouddhistes tibétains en France, nous renvoyons à Internet :

- http://www.bouddhismes.net/book/export/html/1598
- http://www.bouddhisme-france.org/adherents/annuaire-des-membres